# MÉMOIRE

POUR LA

## Cure Radicale

# DES HERNIES,

*Par J. M. Duplat,*

DOCTEUR EN MÉDECINE.

## LYON.

MILLON JEUNE, LIBRAIRE,

QUAI VILLEROY, N. 6.

# MÉMOIRE

POUR LA

## CURE RADICALE DES HERNIES.

IMPRIMÉ A LYON, CHÉZ LOUIS PERRIN,
GRANDE RUE MERCIÈRE, N. 49.

# MÉMOIRE

POUR LA

## Cure Radicale

# DES HERNIES,

## PAR J. M. DUPLAT,

DOCTEUR EN MÉDECINE.

## LYON.

MILLON JEUNE, LIBRAIRE,

QUAI VILLEROY, N. 6.

*

**1829.**

# Mémoire

POUR LA

## CURE RADICALE DES HERNIES.

Ce n'est plus de système ni d'hypothèse que se compose la médecine de nos jours ; les faits seuls sont de quelque valeur , soit qu'on ait pu en réunir un assez grand nombre pour en tirer des corollaires, comme autrefois Hippocrate écrivit ses Aphorismes après avoir beaucoup observé , soit que leur petit nombre permette seulement de les considérer comme une pierre d'attente pour ceux qui parcourront un jour la même carrière. Ils ont donc bien compris notre situation médicale, ces auteurs qui nous ont communiqué les résultats de leurs recherches anatomiques ou de leurs découvertes physiologiques. Ils ont marché avec le siècle, ceux qui nous donnent chaque jour le tableau des maladies qu'ils observent, sans les tronquer ni les mutiler pour les faire entrer dans des cadres nosologiques, qui ne sont de quelque utilité que pour celui qui étudie, et ne sont propres qu'à égarer le praticien.

Les sociétés savantes ont favorisé cette heureuse impulsion, en proposant pour sujet de prix des questions de faits et d'observations, et en accueillant avec une faveur toute spéciale les productions des auteurs qui s'occupent de médecine expérimentale. C'est ainsi que la Faculté de Médecine de Paris a fait une mention honorable d'une brochure de M. Baumont, intitulée *de la Cure radicale des Hernies*. L'auteur de cet ouvrage cite un grand nombre de faits où sa méthode a été couronnée de succès, et semblerait annoncer que cette infirmité qui afflige une si grande partie de l'espèce humaine, est sur le point d'être rayée de la liste des maladies incurables. Mais tout en applaudissant aux efforts philanthropiques de M. Baumont, cette société savante se souvenant sans doute du discrédit dans lequel était tombé tout-à-coup le fameux remède du prieur de Cabrières, a manifesté le désir de voir les expériences annoncées dans ce mémoire faites et suivies avec soin par un médecin placé dans des circonstances favorables pour observer un grand nombre de ces maladies. Je n'ai pas hésité à répondre à l'appel de la Société de Médecine de Paris, et à soumettre plusieurs malades au traitement recommandé par l'auteur lyonnais. Mes succès ont été variés, et en cherchant les causes qui ont mis obstacle à certaines guérisons, j'ai été entraîné à une foule de modifications et d'améliorations que les variétés sans nombre des hernies devaient indispensablement exiger.

## DÉFINITION DE LA HERNIE.

Trois cavités distinctes contiennent les viscères du corps humain : le crâne, la poitrine, et le ventre. Les parois qui limitent ces divers espaces sont tout-à-fait solides, si elles renferment des organes qui conservent toujours le même volume;

elles sont au contraire mobiles, si les organes sont susceptibles de changer de dimension. Cette différence de contexture si sagement appropriée aux fonctions, est la source d'une foule d'incommodités, et les efforts continuels que font les viscères contre les parties molles qui les assujettissent et les mettent à l'abri, leur permettent de se fourvoyer et de s'échapper par les ouvertures naturelles qui donnent passage à des vaisseaux, à des nerfs, à des ligaments, etc. Il résulte de l'issue des viscères à travers les parties molles qui les contiennent, des tumeurs plus ou moins volumineuses, enveloppées d'une membrane séreuse appelée sac, sans changement de couleur à la peau, susceptibles de disparaître si on les comprime, que les chirurgiens ont désignées sous le nom de Hernie, et que les gens du monde appellent rupture, descente, etc.

## FRÉQUENCE DE LA HERNIE.

De toutes les maladies chirurgicales la plus commune est sans contredit la hernie, puisque, d'après les calculs faits par Arnaud, Turnebull,

Gimbernat, un quinzième de la population de l'Italie et de l'Espagne en serait atteint, et un vingtième des habitants de la France et de l'Angleterre. Sans porter un jugement sur le degré d'exactitude du calcul fait par ces chirurgiens, il est certain qu'une foule d'individus en sont affectés. M. Jules Cloquet, auquel nous sommes redevables d'importantes recherches sur cette maladie, est à peu près d'accord avec les auteurs que nous venons de citer, puisque sur huit mille cadavres soumis à son observation, il a reconnu cinq cents hernies, dont plus des deux tiers chez des individus du sexe masculin.

Si une maladie mérite d'autant plus de fixer l'attention des praticiens, qu'elle est plus répandue, il en est certainement fort peu qui doivent les occuper autant que l'infirmité dont il est ici question; mais n'est-il pas étonnant qu'on en ait fait le domaine d'une classe d'artistes, fort industrieuse sans doute, mais qui ne devrait s'occuper que de la confection des appareils propres à contenir la tumeur herniaire, comme le pharmacien est destiné à exécuter les formules pharmaceutiques dictées par le médecin. On s'est tellement habitué à l'idée que cette maladie est sans remède, que la plupart des hommes de l'art ne veulent la traiter que lorsqu'elle devient le siége d'accidents qui menacent les jours du malade; à part cette circonstance, heureusement assez rare, ils abandonnent aux bandagistes le soin de traiter les hernies. Cette incurie, quand il s'agit de débarrasser une foule de nos semblables d'une maladie qui les prive d'une partie de leur force, et les empêche de se livrer à des exercices violents ou de vaquer à des travaux pénibles, qui enlève au service militaire un grand nombre de bras, qui chaque année cause la mort de plusieurs milliers d'individus, est on ne peut plus fâcheuse. Une telle maladie intéresse plus la société que la fistule lacrymale, le bec-de-lièvre, la perte d'une partie du nez, etc., etc., sur lesquels on a tant écrit. Car ces incommodités ou légères difformités ne nuisent à aucune fonction importante, ne menacent jamais l'existence.

On serait tenté de croire que l'heureuse innovation qui a réuni la médecine et la chirurgie, n'a pu extirper complétement les vieux préjugés, et qu'il est encore des médecins pour qui les infirmités humaines sont classées de manière que l'une est beaucoup moins noble que l'autre. Ils croiraient déroger à leur dignité, en traitant celles qu'ils placent au dernier échelon nosologique. Pour être d'accord avec eux-mêmes ces nobles praticiens ne devraient pas s'abaisser au traitement des maladies de l'appareil urinaire, à l'opération de la fistule, à l'extirpation des polypes utérins, à la pratique des accouchements laborieux, à la guérison des affections siphilitiques, maladies dont le siége n'est pas plus distingué que celui des hernies. Quelque élevée que soit la sphère dans laquelle il leur plaît de se placer, ils ne dédaigneront peut-être pas de marcher sur les traces des Arnaud, J. L. Petit, Richter et Scarpa, qui se sont longuement occupés de l'histoire des hernies, parce que ces grands chirurgiens avaient pour principe, que rien de ce qui est utile à l'humanité souffrante, n'était indigne de leur attention.

Une seule raison pourrait justifier la plupart des chirurgiens d'avoir renoncé au traitement des hernies : c'est l'incurabilité de cette maladie, et ce motif serait suffisant s'il était fondé. Mais quel est celui d'entre eux qui ignore que souvent l'assiduité à porter un appareil compressif bien exact, l'usage d'applications astringentes, le repos, ont quelquefois suffi pour faire disparaître des tumeurs herniaires fort anciennes et d'un grand volume. Ces faits répondent victorieusement à ceux qui affectent de croire à l'impossibilité de guérir une hernie, bien mieux que tous les raisonnements qu'ils font à l'appui de leur opinion , et qu'ils tirent du défaut de contractilité des tissus à travers lesquels s'échappent les viscères. Il est aisé en effet de concevoir qu'une ouverture qui a été distendue par un violent effort, peut revenir sur elle-même et reprendre ses premières dimensions, et que les parois affaiblies accidentellement peuvent, à l'aide du repos et de l'application de substances médicamenteuses convenables, retrouver assez de force pour remplir leurs premières fonctions. C'est donc à tort qu'on voudrait soutenir que les hernies sont incurables , puisque le raisonnement et l'expérience prouvent le contraire , et qu'une foule d'auteurs célèbres anciens et modernes sont parvenus de diverses manières à guérir quelques maladies de ce genre. Ce qui doit encourager les tentatives pour la cure radicale des hernies , c'est l'opinion de l'immortel auteur de l'Anatomie générale sur la contractilité du système fibreux : « Elle se manifeste, dit-il, « au bout d'un certain temps ; mais elle est « accommodée dans ce système au mode de son « extensibilité. De même qu'il ne peut tout-à- « coup se distendre, il ne saurait subitement re-

« venir sur lui-même quand il cesse d'être dis-
« tendu. » Nous pourrons ajouter à cet illustre
témoignage, celui de Richter, qui sans contredit
est un de ceux qui s'est le plus occupé de l'étude
des hernies. Il pense « qu'on ne peut refuser à
« l'anneau une véritable contractilité musculaire;
« il est à la vérité tendineux, mais ces fibres
« tendineuses étant continues aux fibres char-
« nues, lorsque ces dernières se contractent,
« leur action s'étend nécessairement sur les fi-
« bres tendineuses qui forment l'anneau. Si par
« une cause quelconque, les fibres charnues du
« muscle grand-oblique se contractent, se rac-
« courcissent, l'anneau doit nécessairement se
« rétrécir. » J. L. Petit, Heïster, admettent
aussi que l'anneau a la faculté de revenir sur
lui-même. Le célèbre Scarpa rapporte que M. Ho-
race Norsia, habile chirurgien, lui disait qu'autrefois il opérait de la hernie plus de deux cents
individus chaque année, mais que présentement
il en opérait à peine vingt dans le même espace
de temps, attendu que plusieurs guérissaient
par l'usage d'un bon bandage et des topiques
astringents.

Je pense donc qu'il reste bien démontré pour
tout esprit juste et impartial, que la plupart des

hernies sont au nombre des maladies dont on peut raisonnablement espérer obtenir la guérison.

La plupart des viscères qui s'échappent du ventre pour former hernie, poussent devant eux le péritoine. Cette membrane séreuse fournit aux organes qui se déplacent une enveloppe connue sous le nom de sac herniaire ou de sac péritonéal. Le degré d'extension considérable dont jouit cette membrane, était ignoré des anciens ; ils croyaient qu'elle se déchirait pour le passage des viscères, c'est pour cela qu'ils avaient donné à ce déplacement le nom de rupture, dénomination qui s'est encore conservée parmi le peuple. Il est bien reconnu aujourd'hui que le sac péritonéal existe dans presque toutes les hernies quel que soit leur volume : Arnaud, Garengeot, J. L. Petit, Dessault, M. Plaignaud et M. le professeur Boyer, citent des exemples où les viscères étaient immédiatement sous la peau, c'est-à-dire dépourvus de sac. On doit attribuer cette disposition bien rare à la rupture accidentelle du péritoine, déterminée par un coup violent sur la tumeur, par une forte pression sur une hernie irréductible. La vessie, le cœcum peuvent aussi, à raison de leur position, sortir sans être recouverts par le péritoine. Théden, Schmucker et Scarpa assurent que les hernies anciennes ont assez souvent un sac herniaire très mince; dans d'autres cas, il augmente d'épaisseur, contracte des adhérences avec les parties qu'il contient, complication fâcheuse, d'où résultent, dans l'opération de la hernie étranglée, les indications les plus importantes et les plus difficiles à remplir; mais il n'en est pas de même des adhérences qui peuvent se former entre les parties réduites et les environs de l'ouverture qui leur donnait passage : elles sont très heureuses, et sont un des moyens dont la nature se sert pour guérir les hernies, et que l'art peut, à son exemple, favoriser avec un très grand succès.

La plupart des observations d'anatomie pathologique que nous possédons sur la cure radicale des hernies, établissent que le sac herniaire se rétrécit peu à peu pour s'oblitérer ensuite. Ledran, Arnaud, en citent des exemples; M. Cruveilhier, dans son Anatomie pathologique, en rapporte un remarquable : le sac herniaire était adhérent par ses parois et la cavité avait disparu. C'est donc sur les observations de l'adhérence des parois opposées du sac péritonéal, qu'est en partie fondée la théorie des moyens employés pour obtenir la cure radicale des hernies. Aussi, pour y parvenir,

Richter conseillait un bandage dont le ressort fût très fort et très dur, qui exerçât une compression douloureuse très propre à provoquer une inflammation. Ce grand observateur ne redoutait donc pas beaucoup la péritonite générale , puisqu'il cherchait à provoquer une phlegmasie propre à resserrer l'anneau, et à obtenir la réunion des parois du sac. La crainte si puérile de déterminer cette inflammation, crainte partagée par le plus grand nombre des chirurgiens, a arrêté l'élan qu'avaient donné les praticiens anciens qui la redoutaient moins que ceux de nos jours ; et d'ailleurs, si elle se manifestait, ne pourrait-on pas la combattre victorieusement par tous les antiphlogistiques usités ? Au reste je ne l'ai jamais observée sur aucun des sujets chez lesquels j'ai provoqué l'inflammation. Ce qui fortifie ce que j'avance, c'est que Celse, Heïster, Arnaud, Camper, Morgagni, Sabatier, Scarpa, et tous les auteurs qui ont écrit sur les hernies , conseillent la cure radicale en provoquant l'inflammation de cette portion du péritoine. Des praticiens célèbres en Allemagne obtiennent fréquemment des guérisons, en produisant l'inflammation par l'usage permanent d'un bandage très fort.

On cite de nombreuses observations où les

parois du sac se durcissent, deviennent calleuses dans les épiplocèles, par exemple, et opposent une barrière insurmontable à la chute des organes. On sait aussi que le péritoine si extensible a une tendance à revenir sur lui-même ; en effet, j'ai observé qu'après l'usage continué des astringents, des hernies qui n'avaient pu être contenues par le bandage seul, se sont trouvées réduites. Je peux prouver ce que j'avance en appelant les témoignages de M. le professeur Lallemand , de MM. les docteurs Bouchet, Polinière, Goullard , celui de M. le docteur Montagne, chirurgien-major distingué au quatorzième de ligne, auquel j'ai montré un sujet atteint d'une hernie épiploïque complète guéri radicalement au trentième jour de traitement. J'ajouterai que le bandage qui soutenait le médicament était peu compressif. Je pourrais en citer beaucoup d'autres et m'appuyer toujours d'autorités médicales , si je ne me réservais plus tard de rapporter ces observations.

La fréquence de cette maladie, les dangers auxquels elle expose, ont dû nécessairement conduire les chirurgiens à replacer dans le ventre les organes qui en sont sortis et à les maintenir réduits. Pour arriver à ce but , différents moyens ont été successivement mis en usage. On a donné con-



2

stamment la préférence aux bandages , pourvu qu'ils remplissent les conditions de bien contenir la tumeur herniaire, sans blesser ni trop fatiguer celui qui en est atteint. La sagacité qu'ont fait paraître les chirurgiens modernes dans l'invention des différentes espèces de bandages, dont les formes sont très variées et l'usage très commode, mérite les plus grands éloges ; c'est le premier moyen qui a été tenté pour amener la cure radicale des hernies. Il a réussi assez souvent, particulièrement chez les enfants; mais il faut pour obtenir ce précieux avantage le porter sans interruption. Richter dit « qu'un homme qui « porte un bandage, doit éviter tous les mouve« ments considérables du corps. J'ai vu, dit-il, à « la vérité plusieurs personnes qui ayant de bons « bandages dansaient, sautaient, tiraient des ar« mes, etc., sans que les parties se soient ja« mais échappées ; mais cela ne prouve rien : il « est sûr que le malade n'est jamais à l'abri du « danger dans les grands mouvements. »

Les anciens ne se sont pas contentés de trouver dans les bandages les moyens de guérir les hernies ou de les soulager; ils ont eu recours à des applications, à des remèdes intérieurs, à des procédés opératoires. Parmi les premiers on remarque l'emplâtre contra-rupturam. Au dix-septième siècle un ecclésiastique français, nommé le prieur de Cabrières, prétendit avoir un remède connu de lui seul pour guérir toutes les hernies sans le secours du bandage et d'aucune opération. Louis XIV acheta à grand prix ce secret, qui n'était autre chose, suivant Dionys, que de l'acide muriatique ou hydrochlorique que l'on prenait intérieurement, tandis qu'un emplâtre était appliqué sur la hernie. Ce célèbre chirurgien raconte que le roi, pendant cinq années, fit lui-même la distribution de ce remède. Parmi ceux qui le prirent, les uns ont assuré avoir été bien guéris ou soulagés, d'autres ont dit qu'il ne leur avait rien fait. Dionys le conseille aidé d'un excellent bandage : il dit en avoir obtenu de très bons effets.

A l'intérieur on a fait usage du suc de turquette, des feuilles de sumac, de la limaille de fer, de la racine de grande consoude, de la racine de bistorte, etc., etc.; et dans ces derniers temps on a vanté la décoction de la plante aux hernies (*herniaria glabra* aut *hirsuta*) et l'osmonde royale (*osmonda regalis*). Ces moyens ont été abandonnés, parce qu'ils sont tous insuffisants. Parmi les procédés opératoires, le cautère actuel a été employé de la manière suivante : Après avoir réduit les intestins et mis de côté les vaisseaux spermatiques, on portait dans le lieu de la circonférence un fer incandescent, au moyen duquel on brûlait successivement en plusieurs jours, la peau, le sac, le péritoine et même l'os pubis, afin que la cicatrice adhérente à l'os opposât une résistance plus forte à la sortie des viscères. Après la cautérisation on mettait en usage divers moyens pour faciliter la chute des escharres et guérir la plaie. Ce moyen cruel et incertain a tout-à-fait été abandonné.

Le cautère potentiel fut préconisé en Angleterre par un médecin du pays appelé Litel-John. Georges I<sup>er</sup>, roi d'Angleterre, lui fit compter cinq mille livres sterlings, afin de l'engager à révéler sa méthode, dont il fesait un secret; ce qui ne l'empêcha pas de tomber dans le mépris peu de temps après qu'elle fut connue. Voici comment il la pratiquait : il réduisait les intestins, traçait avec de l'encre sur les téguments le contour de la tumeur, et portait sur la peau un caustique en quantité nécessaire pour brûler la peau et la graisse, car plus l'escharre qui en résultait était profonde, plus on devait en attendre de bons effets. On réitérait la même chose pendant deux ou trois jours, jusqu'à ce que les parties fussent bien corrodées. On pansait l'escharre avec partie égale de l'onguent de Paracelce et d'oxycrat, soutenu d'un bandage. L'inflammation très douloureuse du cordon et du testicule, des abcès dans ces parties, la corrosion d'une portion d'intestin, l'inflammation du péritoine, et quelquefois la mort, ont été les résultats funestes de ce traitement.

La ligature circulaire du sac, opération bien supérieure à celle dont je viens de parler, en ce qu'elle ne coûta pas aussi souvent la vie au malade, a été inventée, suivant Sermésius, médecin d'Amsterdam, et Heïster, par un chirurgien russe. Il plaçait le malade sur une table, couché sur le dos, et fesait dans l'aine une incision longitudinale avec un bistouri; il cherchait en suite le prolongement du péritoine, et l'ouvrait avec circonspection; lorsqu'il était parvenu au sac herniaire où les intestins sont renfermés, il repoussait ces organes dans le ventre, après quoi il tirait fortement le sac hors de la plaie, et le liait aussi près qu'il était possible des muscles du bas-ventre avec un gros fil ciré qu'il laissait pendre hors de la plaie, et pansait convenablement. Ce chirurgien assurait avoir guéri radicalement par cette méthode beaucoup de malades. Freitag, chirurgien à l'hôpital de Zurich, l'a pratiquée plusieurs fois avec succès. Senff et Schmucher l'ont beaucoup vantée. Vogel, Gunzius et plusieurs chirurgiens distingués l'ont pratiquée souvent avec avantage (1). M. le professeur Boyer fait observer que l'inflammation du péritoine est tellement à craindre que l'on doit y renoncer.

J. L. Petit, célèbre chirurgien, a cherché à guérir radicalement par l'opération ordinaire de la hernie étranglée. Arnaud et Ledran le déterminèrent à tenter ce moyen, qui réussit rarement, est très douloureux, et occasione souvent la mort des malades.

La suture royale consistait à inciser le sac herniaire, à coudre ses parois l'une contre l'autre au moyen de la suture du pelletier. On prétendait par ce procédé empêcher l'intestin de descendre dans le scrotum. Il a été abandonné, tant à cause de la difficulté de son exécution, que parce qu'il ne prévenait pas le retour de la maladie.

Le point doré se pratiquait en fesant une incision transversale assez profonde sur la tumeur herniaire pour découvrir les vaisseaux sperma-

(1) Ledran, Dessault.

tiques ; on passait ensuite une aiguille courbe, armée d'un fil d'or ou de plomb, au dessous des vaisseaux et du sac péritonéal; on en tordait les extrémités, on rapprochait ensuite les lèvres de l'incision pour en obtenir la cicatrisation. La con-striction exercée par ce fil devait être assez grande pour fermer l'ouverture du sac, déterminer l'in-flammation et l'adhérence de ses parois, mais non assez forte pour empêcher la circulation du sang dans les vaisseaux spermatiques. Trop faible, cette constriction ne fermerait pas le col du sac ; trop forte, elle aménerait la perte du testicule. En supposant que ce traitement réussisse, la gué-rison ne serait-elle pas pire que le mal ?

La castration qui a été fort employée, est aussi une opération tout à la fois inutile pour la cure radicale des hernies, et dangereuse pour la vie des malades; plusieurs chirurgiens de l'Italie l'ont pratiquée. Suivant les rapports de Fabrice d'Aquapendente, et de Scultet, ils mettaient le sac péritonéal à découvert au moyen d'une inci-sion, et le traversaient avec une aiguille armée d'un gros fil ciré, et après en avoir fait la liga-ture, ils coupaient le testicule, et cautérisaient avec un fer rougi à blanc la plaie des vaisseaux spermatiques. Le plus souvent les malades périssaient dans d'horribles souffrances. C'est avec raison que ce moyen cruel a été aboli par l'autorité.

Richter a conseillé les scarifications du collet du sac herniaire.

Dans ces derniers temps, M. le professeur Marjolin a tenté la cure radicale des hernies en amaigrissant les sujets atteints de cette maladie, puis tout à-coup par un régime convenable il favorisait le retour de l'embonpoint; par ce procédé il pensait obtenir un bouchon graisseux qui aurait fermé aux organes l'ouverture par laquelle ils s'échappaient. Ce moyen ne lui ayant pas réussi, il y a renoncé.

Les tentatives nombreuses et souvent inutiles faites pour obtenir la cure radicale doivent-elles faire abandonner toute recherche à ce sujet, et faire renoncer à l'espoir d'atteindre un but si désiré? Non, sans doute. Si l'on réfléchit que les ouvertures à travers lesquelles se forment les hernies sont de nature à revenir sur elles-mêmes, et que les tissus qui constituent les parois des hernies, sont susceptibles de s'enflammer et de devenir adhérents au point de faire disparaître la cavité dans laquelle venait se loger la tumeur herniaire, on concevra qu'une hernie peut guérir de plusieurs manières différentes. 1° L'ouverture peut revenir sur elle-même. 2° Les parties réduites et maintenues dans leur position naturelle peuvent se phlogoser, et des adhérences s'établir derrière l'ouverture, de telle façon que non seulement les organes autrefois déplacés ne pourront plus sortir, mais encore ils formeront une barrière au déplacement des viscères qui les avoisinent. 3° Les parois du sac herniaire peuvent adhérer entre elles, et alors il n'y aura plus au dehors de poche dans laquelle pourront se fourvoyer les intestins, malgré que l'anneau reste dilaté et que les parties formant autrefois hernie soient tout-à-fait libres dans la cavité abdominale. 4° L'inflammation chronique du tissu cellulaire situé entre la peau et le sac peut déterminer une induration, un gonflement au moyen duquel la portion du péritoine qui contenait la hernie, sera plissée et affaissée, et ses parois tellement en contact qu'il n'existera plus de cavité. 5° Une hernie enfin peut guérir par la réunion de toutes ces circonstances ou de deux d'entre elles, et ces cures radicales seront les plus solides.

Ce n'est point au hasard que la nature suit l'une ou l'autre de ces voies pour arriver à la cure radicale des hernies, et l'on peut d'avance voir comment elle arrivera à son but. Ainsi chez un sujet jeune et excitable dont la hernie est récente, les applications astringentes pourront ramener à ses dimensions naturelles l'ouverture à travers laquelle s'était formée la hernie. Chez un sujet âgé, à fibres lâches, atteint depuis long-temps de cette maladie, on ne peut le plus souvent arriver à la guérison qu'en provoquant une inflammation de longue durée qui aménera des adhérences ou une induration du tissu cellulaire sous-cutané. De tous les moyens employés pour arriver à la cure radicale des hernies, un des plus rationels est celui qu'emploie M. Baumont, et dont il a publié les heureux effets dans une petite brochure (1). Cependant en employant ce moyen indistinctement dans tous les cas, je n'ai pas tardé de m'apercevoir qu'il n'est pas toujours suffisant, et bientôt sans en avoir le projet je me suis trouvé engagé dans une foule de modifications qui m'ont amené à des résultats tellement avantageux, que je serais presque tenté d'affirmer qu'à part les hernies adhérentes il n'en existe presque pas d'incurables. Aussi dans mon second

(1) Notice sur les hernies , 1827 , par M. Baumont, de Lyon.

mémoire qui suivra de près la publication de celui-ci, je m'empresserai d'indiquer la méthode que je suis, les difficultés que j'ai eues à vaincre, les modifications que je médite encore; j'y ajouterai trente ou quarante observations, où l'on trouvera des exemples de toutes les variétés de traitement, suivant la position de la hernie, son volume, les parties qui la constituent, son ancienneté, les causes qui l'ont produite, l'âge du sujet, son sexe, son tempérament, sa profession, ses habitudes, etc., etc.

www.ingramcontent.com/pod-product-compliance
Ingram Content Group UK Ltd.
Pitfield, Milton Keynes, MK11 3LW, UK
UKHW020138080726
13614UKWH00005B/2305